SKATEBOARD Chronicles

JÉRÔME HAMON
MATTEO SIMONACCI

SKATEBOARD Chronicles

MARAbulles

Je te dédie ce livre, papa. C'était chouette de grandir à tes côtés.
Le monde me semble vide sans toi. J'imagine que j'apprendrai à faire avec...

Jérôme

Dédié à Giorgia et Tommaso. Piediski !

Matteo

Agent Mia au rapport !

JE VAIS DEVOIR VOUS ABANDONNER, JE DOIS CONDUIRE MON FILS À L'ESCALADE.
JE DOIS FILER, MOI AUSSI...
QU'EST-CE QU'ON FAIT ?
ON AJOURNE LA RÉUNION... UNE FOIS DE PLUS ?
TA MÈRE SAIT COMBIEN CETTE RÉUNION EST IMPORTANTE ?

Julia Martin
064589
PI
PI
TUT
TUT
ALLÔ ?
BONJOUR, C'EST MADAME VANDERBECKEN, LA DIRECTRICE DU LYCÉE DESCARTES.
VOUS VOUS SOUVENEZ QUE NOUS AVONS RENDEZ-VOUS POUR PARLER DE VOTRE FILS ?
JE NE SUIS PAS EN ÉTAT, LÀ... JE VOUS RAPPELLE.
SKRRRRRRRRRR
TUT
TUT
TUT
JE SUIS DÉSOLÉE, NELL...
MAIS JE VAIS DEVOIR FAIRE UN RAPPORT À L'INSPECTEUR, CETTE FOIS.

BON, JE COMPTE SUR VOUS POUR LA MANIF DE CET APRÈM, HEIN ?
C'EST POUR QUOI CETTE FOIS, DÉJÀ ? LE GLYPHOSATE ? LES PERTURBATEURS ENDOCRINIENS ? LES NÉONICOTINO MACHIN TRUCS ?
L'EUROPE S'APPRÊTE À AUTORISER LA CULTURE DES OGM POUR L'ÊTRE HUMAIN.
LES QUOI ?
PFFF... TRÈS DRÔLE.
JE PEUX COMPTER SUR VOUS ?
EUH... OUAIS, IL FAUT VOIR...
ÇA VA ÊTRE CHAUD POUR MOI.
OKAY, JE VOIS LE GENRE.

MOI, MOI, MOI ET MOI...
VOUS PENSEZ QU'À VOUS DEPUIS LES BACS À SABLE.
VOUS EN AVEZ PAS MARRE, SÉRIEUX ?
KRRRR
TAC
TLAK
FAUT CROIRE QUE NON. ET PUIS ENTRE NOUS, C'EST PAS QUELQUES PERSONNES EN PLUS OU EN MOINS QUI VONT CHANGER QUOI QUE CE SOIT...

POURQUOI TU RESTES PAS AVEC NOUS, PLUTÔT ?
TROP DE TESTOSTÉRONE !
TU NOUS REJOINS APRÈS ?
AU CAS OÙ T'AS OUBLIÉ, ON A UNE INTERRO D'HISTOIRE DEMAIN !!
POUR CE QUE ÇA CHANGERA... AUTANT CONTINUER À S'ENTRAÎNER
JE SENS QUE JE NE SUIS PAS LOIN DU OLLIE IMPOSSIBLE.
SI TU LE DIS...
ALORS, COMMENT ÇA S'EST PASSÉ ?
MA MÈRE N'EST PAS VENUE. ET LE DIRLO VA FAIRE UN RAPPORT À L'INSPECTEUR
EN DEHORS DE ÇA, TOUT A ÉTÉ NICKEL !

MINCE. ELLE DOIT AVOIR UNE BONNE RAISON DE NE PAS ÊTRE VENUE. ENFIN, J'IMAGINE...
OUAIS, COMME TOUJOURS...
DIS, TU NE VEUX PAS QUE MIA GRANDISSE DANS UN MONDE AVEC DES OGM, HEIN ?
IL Y A UNE GRANDE MANIF CET APRÈM. TU PEUX VENIR AVEC ELLE SI TU VEUX.
OKAY. JE TE FAIS SIGNE SI ÇA LA BOTTE.
COOL.
JE TRAÎNE PAS. JE SUIS DÉJÀ À LA BOURRE POUR LA RÉCUPÉRER, À TOUT' !!!

École Primaire Petite Marie
46
TOC TOC TOC
DÉSOLÉ D'ARRIVER SI TARD.
J'AI VU QUE VOUS AVIEZ FERMÉ L'ÉCOLE.
BONJOUR NELL.
ÇA NE PEUT PAS DURER COMME ÇA, MON GRAND.
TU ES UN GRAND FRÈRE FORMIDABLE, MAIS TA SŒUR A BESOIN D'UNE MÈRE, AUSSI. TU COMPRENDS ?
OUI, BIEN SÛR...
MIA EST LÀ ?
NON... ELLE EST AU COMMISSA-RIAT.

RIEN ICI.
RIEN ICI, NON PLUS...
POLICE NATIO
BRAVO LES INSECTES, VOUS AVEZ BIEN PRIS SOIN DE VOUS, AUJOURD'HUI.
JE SUIS FIÈRE DE VOUS !!!
QU'EST-CE QUE TU FAIS LÀ TOUTE SEULE ?
PAPA ET MAMAN NE SONT PAS AVEC TOI ?

JE SAIS QUE VOUS CONNAISSEZ VOTRE TRAVAIL, MADAME LA JUGE !
C'EST JUSTE QUE LA RÉALITÉ DE CETTE FAMILLE N'A RIEN À VOIR AVEC L'IMAGE QUE VOUS EN AVEZ.
VRAIMENT ? VOUS NE CROYEZ PAS QUE C'EST L'INVERSE, FRANCK ?
VOUS NE CROYEZ PAS QUE VOUS VOUS ÊTES TROP INVESTI DANS TOUT CECI POUR VOIR CLAIREMENT LES CHOSES ?
PEUT-ÊTRE...
MAIS CES GOSSES SONT HEUREUX, JE VOUS ASSURE.

LES GOSSES S'ADAPTENT À TOUT...
S'IL Y A BIEN UNE CHOSE QUE J'AI APPRISE EN QUARANTE ANS DE MÉTIER, C'EST BIEN ÇA.
MAIS ÇA NE VEUT PAS DIRE QUE CE QU'ILS VIVENT EST BIEN POUR EUX.
FAITES-MOI CONFIANCE.
COMME VOUS VOUDREZ...
QU'EST-CE QUE VOUS FAITES ?
ÇA M'A FAIT PLAISIR DE TE REVOIR, FRANCK.
ON SE REFAIT UNE BOUFFE QUAND TU VEUX...
C'EST UNE BLAGUE ?

NON. LE GOSSE QUI DEVAIT TÉMOIGNER VIENT DE FAIRE UNE OVERDOSE.
ON N'A PLUS RIEN CONTRE LUI...
NE ME DITES PAS QUE C'EST MA PETITE MIA ?
T'AS GRANDI, DIS DONC...
TU TROUVES ?
OUI. T'ES AUSSI BELLE QUE TA MAMAN !
REGARDE. ELLE ÉTAIT TOUTE SEULE, SANS SON PAPA ET SA MAMAN.
LA PAUVRE. HEUREUSEMENT QUE T'ÉTAIS LÀ...
AGENT SPÉCIAL MIA. SOCIÉTÉ DE PROTECTION DES INSECTES.
TROP GÉNIAL !
JE T'EN FERAI UN COMME ÇA, SI TU VEUX.

AVEC PLAISIR, MA GRANDE !!!
T'EN VOUDRAS UN AUSSI ?
SALUT NELL ! COMMENT ÇA VA ?
SALUT FRED.
EH... FRANCK ?
QUOI ?
TU VOUDRAS QUE JE TE FASSE UN BADGE ?
SI TU VEUX...
AUJOURD'HUI, J'AI SAUVÉ TROIS COCCINELLES ET UN VER DE TERRE !
POLICE
BRAVO.

IL FAUT METTRE LA BOUCLE EN MÉTAL DANS SA PETITE MAISON. COMME ÇA, REGARDE.
C'EST FACILE, TU VOIS.
À TON TOUR.
J'Y ARRIVE PAS, JE TE DIS...
TU T'ES PAS ATTACHÉE, MIA.
J'Y ARRIVE PAS.
COMMENT TU PEUX SAVOIR ? T'AS PAS ESSAYÉ. ALLEZ VAS-Y.
NON.
BON. JE T'ATTACHE CETTE FOIS. MAIS LA PROCHAINE FOIS, C'EST TOI QUI LE FAIS, D'ACCORD ?
TU CROIS QU'ON AURA UNE VOITURE COMME ÇA, UN JOUR ?

POURQUOI PAS... ON DEMANDERA À MAMAN, SI TU VEUX.
ÇA TE FERAIT PLAISIR ?
OUI... COMME ÇA, ILS AURONT L'IMPRESSION D'ÊTRE DEHORS.
TU CROIS QUE MIRABELLE SERA ARRIVÉE ?
MIRABELLE ?
DITES NON AUX OGM
OUI... LA PETITE DERNIÈRE, TU SAIS. C'EST COMME ÇA QUE J'AI DÉCIDÉ DE L'APPELER.
C'EST JOLI COMME PRÉNOM, HEIN ?
OUI. TRÈS...
ALLEZ, FILE FAIRE TES DEVOIRS ET APRÈS, À LA DOUCHE.
J'AI PAS DE DEVOIRS.
ARRÊTE. JE SAIS BIEN QUE T'AS DES DEVOIRS.
J'AI PAS DE DEVOIRS, JE TE DIS...
DE TOUTE FAÇON, J'AI OUBLIÉ MON CAHIER À L'ÉCOLE !!!

PFFF... TOUS LES JOURS, C'EST PAREIL. IL VA FALLOIR QUE TU GRANDISSES, MIA!!!
ALORS, EST-CE QUE NOTRE PETITE DERNIÈRE EST ARRIVÉE ?
C'EST MOI, M'MAN.
T'ABUSES, JULIA !
TU M'AVAIS PROMIS QUE TU RANGERAIS TA CAME...
JE SUIS ARRIVÉ EN RETARD POUR MIA.
J'AI DÛ ALLER LA CHERCHER AU COMMISSARIAT, CETTE FOIS.
HEUREUSEMENT, FRANCK NOUS A RACCOMPAGNÉS.

DÉSOLÉE POUR CE MATIN, MON ANGE...
J'ÉTAIS PAS EN ÉTAT.
SALUT FRANCK. MERCI POUR LES GOSSES.
Y A PAS DE QUOI...
COMMENT S'EST PASSÉ TON EXPOSÉ, ALORS ?
JE ME SUIS UN PEU EMMÊLÉ LES PINCEAUX DANS LES DATES. SINON, ÇA A ÉTÉ.
SUPER
TU VEUX BIEN ALLER JOUER DEHORS AVEC TA SŒUR, NELL ?
JE VAIS EN PROFITER POUR LUI FAIRE FAIRE SES DEVOIRS.
T'ES UN ANGE. MERCI, MON GRAND.
JE ME SUIS FAIT DU CAFÉ. T'EN VEUX, FRANCK ?
HUM.

DEUX SUCRES, COMME TOUJOURS ?
OUI...

LE PROCUREUR VIENT D'OUVRIR UNE ENQUÊTE CONTRE TOI.
EN ATTENDANT LE RÉSULTAT, ON TE RETIRE LA GARDE DES ENFANTS...
ILS VONT ALLER DANS UNE FAMILLE D'ACCUEIL.

T'ES PAS UNE MAUVAISE MÈRE, JULIA...
MAIS IL FAUT QUE TU TE PRENNES EN MAIN.
IL FAUT QUE TU TE TROUVES UN VRAI BOULOT.
ET QUE TU T'OCCUPES DE TES GOSSES.
T'AS LE CHOIX, MA BELLE ! ON A TOUS LE CHOIX.
QU'EST-CE QUE TU FAIS ?
ARRÊTE, JE T'EN SUPPLIE. FRED VA ME TUER SI TU FAIS ÇA...
ET TU LAISSES CETTE CAME ICI ! TU PEUX TE FAIRE CONTRÔLER N'IMPORTE QUAND, MAINTENANT...
COMPRIS ?

ALLEZ, EN VOITURE, LES GOSSES.
JE VOUS EMMÈNE PASSER QUELQUES JOURS CHEZ DES AMIS DE VOTRE MAMAN.
QUOI ? POURQUOI ???
QUI S'OCCUPERA DE MES INSECTES ?
T'INQUIÈTE. MAMAN S'EN CHARGERA.
HEIN, MAMAN ?
PROMIS.
T'OUBLIES PAS DE BIEN REFERMER LA PORTE DERRIÈRE TOI, HEIN ?
OUI. T'AS PAS DE SOUCI À TE FAIRE POUR ÇA...
ET S'ILS NE VEULENT PAS REVENIR ?

NE T'INQUIÈTE PAS POUR ÇA.
UN ENFANT, ÇA A TOUJOURS BESOIN DE SA MÈRE...
PEU IMPORTE OÙ ELLE VIT...
OU LE MANQUE D'ESTIME QU'ELLE A D'ELLE-MÊME.
STOP OGM
Pas de OGM
QUOI QUE T'EN PENSES, T'ES UNE FEMME FORMI-DABLE, JULIA.

ALLEZ, EN PYJAMA ET À TABLE, LES EN-FANTS !
ON N'A PAS DE PYJAMA...
BON, EH BEN À TABLE, ALORS !
ON VOUS A FAIT DE LA PURÉE ET DU JAMBON. VOUS AIMEZ ÇA ?
DES FESSES DE COCHON, BAAHHH ?
DES QUOI ?
...
BEN OUI, LE JAMBON, C'EST DES FESSES DE COCHON. TU SAVAIS PAS ?
GRRRRRRRRRRRR
C'EST PAS GRAVE, MIA. ON MANGERA LA PURÉE. T'AIMES ÇA LA PURÉE, HEIN ?
AVEC DU BEURRE DEDANS... OUI OUI OUI !!!
GRRRRRRRRRRRRR
ZZZZZZZZAR
AH MINCE, ON A PEUT-ÊTRE OUBLIÉ DE VOUS PRÉVENIR, LES ENFANTS SONT VÉGÉTARIENS.
RRRRR

La séparation

À T'À L'HEURE !
TU DÉJEUNES PAS AVEC NOUS ?
MMM... PAS LE TEMPS. DÉSOLÉ, M'MAN !
OÙ EST-CE QUE TU VAS ?
RÉPONSE A : IL VA À LA BIBLIOTHÈQUE.
RÉPONSE B : IL A UN RENDEZ-VOUS AVEC AMBRE.
RÉPONSE C : IL VA SKATER AVEC SES POTES.
PFFF... T'ES TROP CON !
SI TU METTAIS TOUTE CETTE ÉNERGIE AILLEURS, T'IMAGINES OÙ TU POURRAIS ÊTRE ?
VLAM!!
QUEL ENTÊTÉ, CELUI-LÀ !!!
Brö!

C'EST BON ? TOUT LE MONDE EST ATTACHÉ ?
ON VA VOIR MAMAN ?
AH NON, MA GRANDE... ON VA FAIRE DES COURSES.
QUAND EST-CE QU'ON VOIT MAMAN ?
J'EN SAIS RIEN... ELLE TE MANQUE ?
OUI.
HYPERMAR
TU VEUX ALLER T'AMUSER AVEC TES AMIS PENDANT QU'ON FAIT LES COURSES, NELL ?
NON, NON... JE SAIS PAS SKATER.
MON FRÈRE A MARQUÉ DEUX BUTS À SON DERNIER MATCH...
J'EN AI ENTENDU PARLER PENDANT UN MOIS...
CE QUE JE FAIS EN SKATE, TOUT LE MONDE S'EN FICHE COMPLÈTEMENT.

IL Y A DES MILLIONS DE GENS QUI MARQUENT DES BUTS TOUS LES JOURS.
MAIS IL Y A COMBIEN DE PERSONNES QUI PASSENT LES BACK-SIDE SHOVE IT ?
TU T'EN FOUS DE CE QUE PENSENT TES PARENTS.
CE QUI COMPTE, C'EST QUE ÇA TE PLAISE À TOI !
JE SAIS... MAIS SI ÇA LES INTÉRESSAIT RIEN QU'UN PEU...
J'AURAIS PAS L'IMPRESSION D'ÊTRE QU'UN BON À RIEN.
JE PLAISANTE...
ALLEZ, RETOURNE JOUER AVEC TES COPAINS AU LIEU DE TE PLAINDRE..

MAIS T'ES UN BON À RIEN !
T'ARRIVES MÊME PAS À PASSER LES OLLIES IMPOSSIBLES.
POURQUOI TU NE FAIS PAS DES COMPETS ?
SI TU VEUX PASSER PRO UN JOUR, T'Y COUPERAS PAS DE TOUTE MANIÈRE.
QUALAND
PFFF. C'EST POUR LES DÉBILES.
ET PUIS TU L'AS DIT TOI-MÊME, J'AI PAS LE NIVEAU.

ON N'ARRIVERA JAMAIS À MANGER TOUT ÇA !
3X2
ÇA VEUT DIRE QU'ON N'EST PAS PRÊTS DE REVOIR MAMAN, C'EST ÇA ?
MAIS NON, ÇA NE VEUT RIEN DIRE.
PERSONNE NE SAIT QUAND VOUS POURREZ RETOURNER CHEZ VOUS...
ET PUIS SI VOUS DEVEZ PARTIR AVANT D'AVOIR MANGÉ TOUT ÇA, VOUS EMPORTEREZ CE QUI RESTE AVEC VOUS.

VOUS ÊTES TROP BEAUX COMME ÇA !!!
TENEZ, C'EST POUR VOUS...
COMME ON SAIT QUE VOUS N'AVEZ PAS PU PRENDRE TOUTES VOS AFFAIRES AVEC VOUS, ON S'EST DIT QUE ÇA POURRAIT VOUS FAIRE PLAISIR
C'EST POUR MOI, C'EST VRAI ? C'EST TROP GENTIL !
MERCI.
BON, OÙ EST-CE QUE VOUS VOULEZ QU'ON MANGE CE MIDI ?
VOUS AIMEZ MC DO ?
TU CROIS QU'ILS FONT DES PLATS VÉGÉTARIENS ?
AH, J'AVAIS PAS PENSÉ À ÇA.
AU PIRE, ILS PRENDRONT DES FRITES...

QU'EST-CE QUE VOUS AVEZ ENVIE DE FAIRE, APRÈS ?
...
QU'EST-CE QUE VOUS FAITES LE WEEK-END, D'HABITUDE ?
ON CHERCHE DES PAPILLONS ET DES COCCINELLES...
AGENT DE PROTECTION DES INSECTES, C'EST TOUT UN PROGRAMME, DIS-MOI.
VU LE TEMPS, JE NE SUIS PAS SÛRE QUE ÇA VA ÊTRE POSSIBLE.
ÇA NOUS GÊNE PAS LA PLUIE. C'EST RIGOLO...
VOUS FAITES ÇA MÊME QUAND IL PLEUT ?
SURTOUT QUAND IL PLEUT !!!
T'AIMERAIS TE RETROUVER TOUT SEUL SOUS LA PLUIE, TOI ?
NON, EN EFFET...

ILS EN ONT EU ASSEZ, TU NE CROIS PAS ?
OUI, T'AS RAISON. ILS VONT ATTRAPER FROID, EN PLUS.
C'EST L'HEURE D'Y ALLER, LES ENFANTS !
VOUS ALLEZ ÊTRE MALADES SI VOUS RESTEZ LÀ.
MIA, NELL ! VOUS ÊTES OÙ ?
REGARDE TOUS LES INSECTES QU'ON A SAUVÉS !
ON EST FORTS, HEIN ?

...
VOUS AVEZ VU DANS QUEL ÉTAT VOUS ÊTES ?
VOUS AURIEZ PU FAIRE UN PEU PLUS ATTENTION...
SURTOUT TOI, NELL... T'ES GRAND, NON ?
VOUS VOUS ÊTES BIEN AMUSÉS, AU MOINS ?
OUI.
C'EST DÉJÀ ÇA, TANT MIEUX.
ALLEZ RELÂCHEZ CES INSECTES ET ON Y VA.
POURQUOI ?
C'EST CHEZ EUX, ICI.
C'EST BIEN TROP DANGEREUX POUR EUX. IL Y A PLEIN D'OISEAUX, D'ARAIGNÉES, DE LÉZARDS. JE PARIE QU'IL Y A MÊME DES GRENOUILLES !
QU'EST-CE QUE TU VEUX EN FAIRE ?
ON LES RAMÈNE ET ON LEUR FAIT UNE MAISON !
...
SI TU VEUX.

C'ÉTAIT UNE CHOUETTE JOURNÉE, PAS VRAI ?
OUI.
QU'EST-CE QU'IL Y A ? IL Y A QUELQUE CHOSE QUI NE VA PAS ?
POURQUOI ON EST LÀ ? ON A FAIT QUELQUE CHOSE DE MAL ?
BIEN SÛR QUE NON...
PARFOIS LES CHOSES NE SONT PAS SIMPLES À GÉRER POUR LES PAPAS ET LES MAMANS.
ET IL Y A DES GENS QUI FONT ATTENTION À CE QUE LES ENFANTS NE SOUFFRENT PAS DE ÇA.
TU COMPRENDS ?
NON. NOUS ON EST BIEN AVEC MAMAN.
OUI. BIEN SÛR...
C'EST L'HEURE D'ALLER AU LIT, MAINTENANT.
JE PEUX DORMIR AVEC MON FRÈRE ? JUSTE CE SOIR !
C'EST EXACTEMENT CE QUE TU M'AS DIT HIER, ET AVANT-HIER...
S'IL TE PLAÎT ! DIS OUI...
SI TU VEUX.

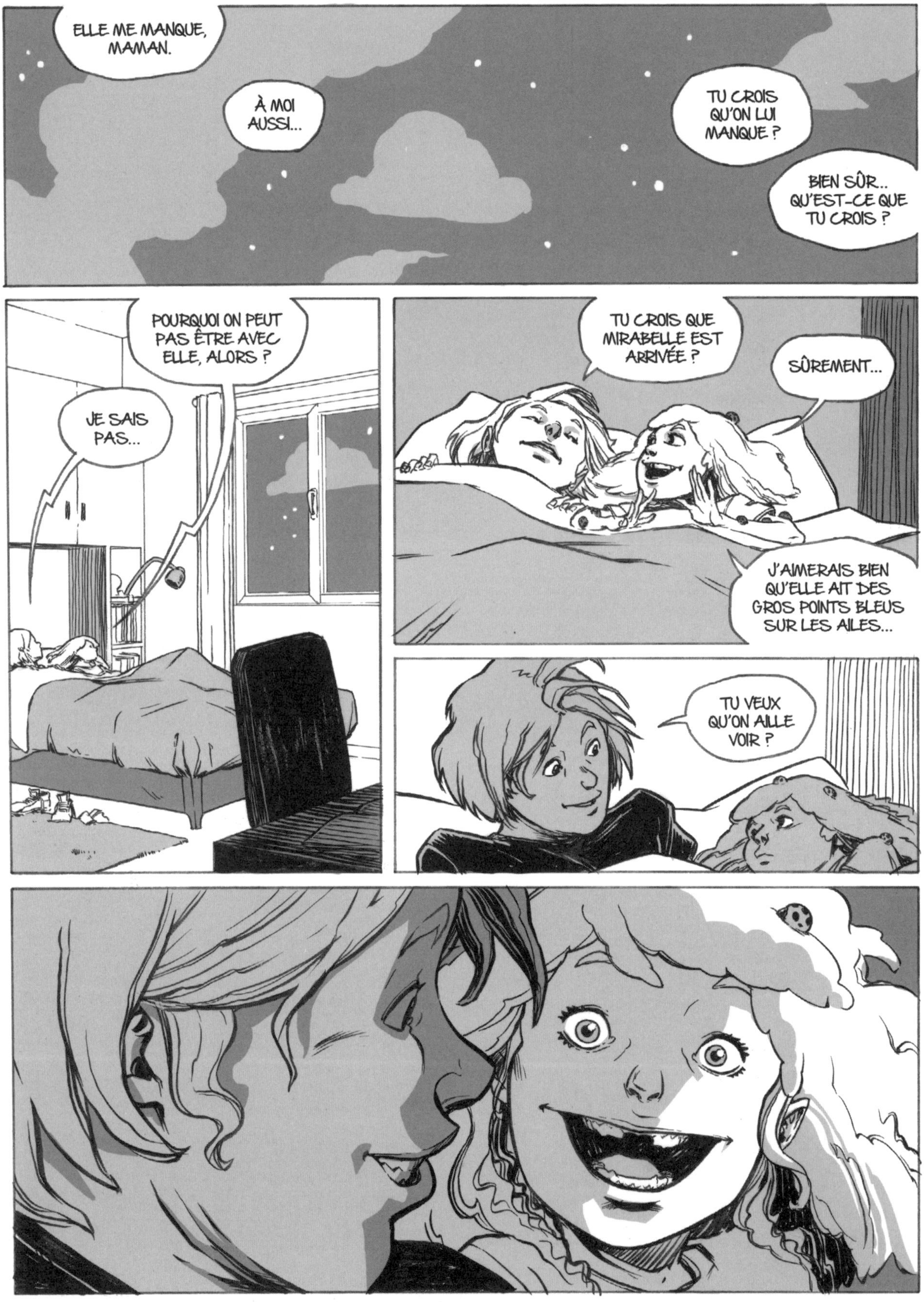
ELLE ME MANQUE, MAMAN.
À MOI AUSSI...
TU CROIS QU'ON LUI MANQUE ?
BIEN SÛR.. QU'EST-CE QUE TU CROIS ?
POURQUOI ON PEUT PAS ÊTRE AVEC ELLE, ALORS ?
JE SAIS PAS...
TU CROIS QUE MIRABELLE EST ARRIVÉE ?
SÛREMENT...
J'AIMERAIS BIEN QU'ELLE AIT DES GROS POINTS BLEUS SUR LES AILES...
TU VEUX QU'ON AILLE VOIR ?

TOC TOC
PUTAIN, LA CAME QU'IL Y A SUR LA TABLE !
VIENS VOIR...
TOC TOC TOC
PAUVRES GOSSES...
C'EST CLAIR... J'EN REVIENS PAS QUE FRANCK AIT PROTÉGÉ LES MICHES DE JULIA TOUTES CES ANNÉES. ET QU'IL NE VIENNE PAS ME DIRE QU'IL N'ÉTAIT PAS AU COURANT !!!
IL FAUDRA PAS OUBLIER DE FOUILLER LA VOITURE AUSSI.
BONNE IDÉE. À TOUS LES COUPS, ELLE A PLANQUÉ DE LA DROGUE DEDANS.

FAUDRA QU'ON CAUSE, FRANCK.
JE NE SUIS PAS D'HUMEUR, LÀ...
ILS VONT M'ENVOYER EN PRISON ?
ÇA DÉPEND...
PAS SI T'ACCEPTES DE SUIVRE UNE CURE DE DÉSINTOXICATION.
J'AI ESSAYÉ D'ARRÊTER CENT FOIS...
J'Y ARRIVERAI PAS...
ON TE RETIRERA LA GARDE, ALORS. C'EST ÇA QUE TU VEUX ?

Le backside Noseblunt

BONNE JOURNÉE, MA CHÉRIE.
JE PASSE TE PRENDRE À 17 H, D'ACCORD ?!
OK.
BZZZZZZ
DITES NON OGM
VIENS VOIR, MIA. IL Y A UNE AUTRE CHENILLE, ICI !!!
BON, J'ADMETS... J'AI UN PEU PERDU. MAIS J'ÉTAIS PAS MAUVAIS À L'ÉPOQUE, JE T'ASSURE !

TAK
TAK
TAK
C'EST HORS DE QUESTION, MIA. TU M'AS DÉJÀ FAIT LE COUP HIER
TU RESTERAS LÀ TANT QUE TU N'AURAS PAS FAIT TES DEVOIRS.
JE TE DÉTESTE.
C'EST TON DROIT.
JE T'AIME, MOI.
TAK
TAK
TAK
TU T'EN SORS ?
OUI, OUI. J'AI FINI.
SUPER. TU PEUX FAIRE CE QUE TU VEUX, MAINTENANT.
POURQUOI TU N'ESSAIES PAS TON SKATE ? IL FAIT SUPER BEAU.
MIA EST PUNIE. LAISSE-LA, S'IL TE PLAÎT.
ON NE PEUT PAS TOUJOURS FAIRE CE QU'ON VEUT DANS LA VIE. C'EST IMPORTANT QU'ELLE LE COMPRENNE.
TAK
TAK
TAK

OUI, MIA AUSSI.
COOL !
T'AS SIGNÉ LA PÉTITION ?
TU SKATES, MAINTENANT ?
MMM... JE ME SUIS PAS ENCORE DÉCIDÉ.
C'EST GÉNIAL, TU VERRAS. VIENS !!!
SKRRARRR
AHAH AH AH
SI TU VEUX PAS GOÛTER LE BITUME, T'AS INTÉRÊT À FLÉCHIR LES JAMBES.
COOL !!! ON VA POUVOIR PASSER AUX CHOSES SÉRIEUSES !!!
JE VAIS TE MONTRER COMMENT PASSER LES OLLIES !

TU RECULES TON PIED ARRIÈRE.
SKRRRR
TU FLÉCHIS LES JAMBES.
RRRRRRRRRR
TU DONNES UN COUP SEC AVEC TON PIED ARRIÈRE, POUR CLAQUER LA PLANCHE.
TAP
ET TU SAUTES EN MÊME TEMPS QU'ELLE.
LE PIED AVANT, D'ABORD. ET LE PIED ARRIÈRE, ENSUITE.
ET TOUT EN MONTANT LA JAMBE AVANT, TU FROTTES TON PIED SUR LA PLANCHE.
C'EST HYPER IMPORTANT POUR L'AIDER À MONTER ET POUR PRÉPARER L'ATTERRISSAGE.
ET QUAND T'ATTERRIS, POSE BIEN TES DEUX PIEDS EN MÊME TEMPS SUR LA PLANCHE.
À TON TOUR !
ÇA PARAÎT SUPER COMPLIQUÉ AU DÉBUT, MAIS TU VERRAS, C'EST PAS SI DUR QUE ÇA !

URRRRR
SUPER.. VAS-Y, FRAPPE LA PLANCHE AU SOL AVEC TON PIED ARRIÈRE, MAIN-TENANT !!!
TAP
TU MONTES TA JAMBE AVANT TROP HAUT.
OUCHH!

ÇA VA ?
T'ES SÛR ?
T'INQUIÈTE.
OUI OUI...
HAHA HA!
JE SAIS QUE C'EST PAS DRÔLE. JE SUIS DÉSOLÉE...
À TABLE, NELL !!!
BON, JE DOIS Y ALLER
OKAY.
JE PASSE TE PRENDRE DEMAIN POUR ALLER AU BAHUT ?
AVEC PLAISIR
COOL. À DEMAIN, ALORS...

À VOTRE AVIS ? QUI EST-CE QUI VA REMPORTER LE TITRE CETTE ANNÉE ?
FERGUSON !
MERCUTAY !
MERCUTAY ? J'HALLUCINE !!!
IL A AUCUN STYLE CE TYPE. QU'EST-CE QU'IL A APPORTÉ AU SKATE, SÉRIEUX ?
TOUT CE QU'IL SAIT FAIRE C'EST COPIER LES AUTRES.
EH, HORACIO, REGARDE QUI ARRIVE.

NELL N'EST PAS LÀ ?
GRANDE EXPO PAPILLONS DU MONDE
NON, IL EST AVEC SES AMIS.
TU VAS VOIR... TU VAS ADORER !
C'EST MAGNIFIQUE, TU NE TROUVES PAS?
ILS SONT MORTS ?
OUI, POUR QUE LES GENS PUISSENT LES REGARDER ...
...ON A DÛ LES TUER.

KKRRRR
WOU HOU...
YES!
RRRRRRRRRR...
WAOUH. C'ÉTAIT QUOI, ÇA ?
UN BACKSIDE NOSEBLUNT.
TU VEUX ES-SAYER ?
TU PLAISANTES ? IL SKATE DEPUIS UNE SEMAINE SEULEMENT.
TU VEUX QU'IL SE CASSE QUELQUE CHOSE ?

TU VAS TE BLESSER, ARRÊTE !
WAAAHHHH !
BAOUM
T'ES CONTENT ?
T'AS ÉTÉ SUPER FORT, MEC ! RESPECT !!!
C'EST CLAIR T'ÉTAIS UN PEU TROP EN ARRIÈRE, C'EST TOUT. C'EST RIEN À CORRIGER...

C'EST À CETTE HEURE-CI QUE TU RENTRES ?
DÉSOLÉ.
SI TU VEUX QU'ON CONTINUE À TE FAIRE CONFIANCE, IL VA FALLOIR QUE TU FASSES PLUS ATTENTION.
J'AI PAS VU L'HEURE, C'EST BON.
C'EST PAS LA FIN DU MONDE, NON PLUS...
ON ÉTAIT INQUIETS, C'EST TOUT
DÉPÊCHE-TOI D'ALLER MANGER, ÇA VA ÊTRE FROID.
ET N'OUBLIE PAS DE TE LAVER LES MAINS !
PFF
T'ÉTAIS OÙ ?
QU'EST-CE QUE VOUS LUI AVEZ FAIT ?

VOUS NE L'AVEZ PAS FORCÉE À MANGER ÇA ?
SI... ILS M'ONT FORCÉE !!
JE LE DIRAI À MAMAN !!!
C'EST DU POULET !
NON. UNE POULE, ÇA RESPIRE, ÇA VIT...
ÇA C'EST JUSTE LE CADAVRE D'UNE POULE !
TU NOUS PARLES SUR UN AUTRE TON, S'IL TE PLAÎT !
DU CADAVRE ?
MAIS C'EST DE LA VIANDE...
TOUT LE MONDE MANGE DE LA VIANDE.
COMMENT VOUS VOULEZ GRANDIR CORRECTEMENT SANS VIANDE ?
IL Y A DES MILLIONS DE VÉGÉTARIENS DANS LE MONDE.
IL Y A DES MILLIONS DE GENS QUI SOUFFRENT DE MALNUTRITION AUSSI. ET C'EST PAS POUR ÇA QU'ON VA VOUS LAISSER MOURIR DE FAIM...
OU QU'ON VA VOUS LAISSER MANGER DES PÂTES À LONGUEUR DE TEMPS.

AAAHH!
JE VAIS TE FAIRE DES PÂTES.
TOUT EST TELLEMENT COMPLIQUÉ AVEC VOUS !!!
C'EST VOUS QUI ÊTES COMPLIQUÉS !
C'EST PAS DE NOTRE FAUTE, SI VOUS NOUS ACCEPTEZ PAS COMME ON EST !!!
QUOI ?
VIENS, MIA, ON VA SE COUCHER.
BONNE NUIT.
TOI ET TES IDÉES, FRANCHEMENT !!!

S. ELENA
CLINIQUE
QUAND EST-CE QU'ON RENTRE À LA MAISON, MAMAN ?
J'EN SAIS RIEN, MA PUCE.
LE PLUS TÔT POSSIBLE.
MAIS TU ES GUÉRIE OU PAS ?

J'AIMERAIS TE DIRE QUE OUI. MAIS JE SUIS PAS SÛRE.
C'EST DUR POUR MAMAN, TU SAIS.
ALLEZ, ON Y VA.
VOTRE MAMAN A BESOIN DE SE REPOSER, MAINTENANT.
DONNE ÇA À FRED, TU VEUX BIEN, MON ANGE ?
C'EST POUR MES MÉDICAMENTS, NE T'INQUIÈTE PAS.
NE ME PRENDS PAS POUR UN IMBÉCILE. JE SAIS TRÈS BIEN CE QUE TU VEUX !
TOUT ÇA, C'EST DE TA FAUTE !
ON NE RENTRERA JAMAIS À LA MAISON !!!

QU'EST-CE QU'ILS FICHENT, BON SANG ? ON DEVRAIT AVOIR LA RÉPONSE DEPUIS LONGTEMPS.
AH, ÇA Y EST.
LA COUR EUROPÉENNE AUTORISE LES OGM POUR L'ÊTRE HUMAIN.
NAN, C'EST PAS POSSIBLE.
C'ÉTAIT COURU D'AVANCE, EN MÊME TEMPS...
ON VA POUVOIR PASSER À TABLE QUAND VOUS VOULEZ
C'EST TOUT CE QUE ÇA VOUS FAIT ?
TU CROIS QU'ON N'A PAS PERDU DE COMBATS NOUS AUSSI ? IL FAUT BIEN CONTINUER À VIVRE...

MARYSE M'A DIT QUE LES PIQUETTI SE SÉPARAIENT, AU FAIT.
TROP DOMMAGE. ILS ALLAIENT BIEN ENSEMBLE POURTANT.
ELLE T'A DIT POURQUOI ?
C'EST QUOI CE SOJA ?
ON EST DES GROS HYPOCRITES, EN FAIT, C'EST ÇA ?
ON PROTESTE CONTRE TOUT UN TAS DE TRUCS...
MAIS ON LES ACHÈTE QUAND MÊME.
IL N'Y AVAIT PLUS CELUI QU'ON PREND D'HABITUDE.
ET PUIS C'EST PAS PARCE QUE TU MANGERAS DU SOJA AUX OGM UNE FOIS OU DEUX DANS TA VIE QUE TU VAS MOURIR.
C'EST UNE QUESTION DE PRINCIPE, C'EST TOUT !
C'EST COMME TOUT ÇA !
VOUS VOUS ÊTES TOUJOURS BATTUS CONTRE NOTRE SOCIÉTÉ MATÉRIALISTE, ET REGARDEZ DANS QUOI VOUS VIVEZ !

C'EST VRAI... C'EST UN CHOIX.
ET TU SERAS LIBRE D'EN FAIRE UN AUTRE, SI ÇA NE TE CONVIENT PAS.
MAIS N'EN SOIS PAS SI SÛRE.
AMBRE... QU'EST-CE QUE T'AS FAIT ?
C'EST PAS ÇA.
QUAND ÇA TOUCHE DES MILLIONS D'INCONNUS, ON S'EN MOQUE... MAIS QUAND ÇA TOUCHE SA PETITE FILLE CHÉRIE, C'EST UNE AUTRE HISTOIRE, HEIN ?
SI, C'EST EXACTEMENT ÇA...
ALORS...
... ILS ONT QUEL GOÛT CES OGM ?

MIA.
MIA, RÉVEILLE-TOI...
QU'EST-CE QU'IL Y A ? C'EST L'HEURE D'ALLER À L'ÉCOLE ?
NON. ON PART D'ICI.
OÙ EST-CE QU'ON VA ?
CHUT, MOINS FORT...
ON RENTRE À LA MAISON ?
NON. MIEUX QUE ÇA...
VRAIMENT ?
TU VERRAS...

ma Épicerie
SKRRRRRRRR

Une vie à deux

FRUSH
FRUSH
C'EST BON, MIA. TU PEUX REVENIR !
TADAM !!! VOICI NOTRE NOUVELLE MAISON !
SHOP et SOUVENIRS
ÇA TE PLAÎT ?
little fish
SHOP

AQUA LAND
VIENS ICI, PETITE.

TOC TOC TOC
JE PEUX ENTRER, OU ÇA DORT ENCORE ICI ?
RRRHHOOO
PCCCHHHHHH
BON, JE VOUS LAISSE DORMIR, TANT PIS...
C'EST DOMMAGE... J'AVAIS APPORTÉ LE PETIT-DÉJ.
T'EN VA PAS, ON EST RÉVEILLÉS !!!

PAIN, BEURRE, CHOCOLAT... MIAMMMM
J'AI TROP FAIM !!!
MES PARENTS FINIRONT PEUT-ÊTRE PAR SE POSER DES QUESTIONS...
POUR L'INSTANT, ILS SONT CONTENTS QUE JE MANGE POUR TROIS.
T'ES TROP GENTILLE, TOI. JE T'ADORE !!!
SALUT.
SALUT.
MIAM
ÇA TE VA BIEN.
MERCI !

ÇA VA, MA GRANDE, TU NE T'ENNUIES PAS TROP, ICI ?
M'ENNUYER ? HA HA HA...
COMMENT JE POURRAIS M'ENNUYER, ICI ?
À TABLE TOUT LE MONDE, LE PETIT DÉJEUNER EST PRÊT ...
ILS ONT DISTRIBUÉ DES AVIS DE RECHERCHE À L'ÉCOLE.
QU'EST-CE QUI VA SE PASSER S'ILS VOUS RETROUVENT ?
AUCUNE IDÉE... JE NE RETOURNERAI PAS CHEZ CES GENS, EN TOUT CAS.
BON, JE VOUS LAISSE. JE VAIS FINIR PAR ÊTRE EN RETARD.
OK.
VOUS AVEZ BESOIN DE QUELQUE CHOSE ?
NON, NON... C'EST GENTIL. ON A TOUT CE QU'IL FAUT.
SI TU LE DIS. PROFITEZ BIEN DE LA JOURNÉE !
À CE SOIR, MIA !!!

WHAOUUU
NELL, VIENS VOIR !! PRUNE A PLEIN DE BÉBÉS.
C'EST GÉNIAL, ÇA !
IL NE RESTE PLUS QU'À LEUR TROUVER DES NOMS, MAIN-TENANT !!!

SKRRRRRRRRRRRR
KKKKKK
FAIT CH...
FROT
C'EST FRUSTRANT, HEIN ?
OUAIS.
C'EST COMME SI ON ME COUPAIT LES AILES...
T'INQUIÈTE. DEUX OU TROIS JOURS DE SOLEIL, ET ON POURRA RETOURNER DANS LA PISCINE !

T'AS RÉFLÉCHI À CE QUE T'ALLAIS FAIRE POUR MIA ?
NON.
PAT PAT
EH, RESTE LÀ.
TU PARS À CHAQUE FOIS QU'ON ABORDE LE SUJET.
ELLE A RAISON, NELL. ILS ANNONCENT DE LA NEIGE LA SEMAINE PROCHAINE.
VOUS NE POUVEZ PAS RESTER LÀ...
VOUS ÊTES MARRANTS...
OÙ EST-CE QUE VOUS VOULEZ QU'ON AILLE ?
SI ON SORT DE LÀ, ON VA NOUS REFOUTRE EN FAMILLE D'ACCUEIL OU DANS UN CENTRE.
POURQUOI TU T'INSCRIS PAS AUX CHAMPIONNATS D'EUROPE ? IL Y A 5 000 EUROS À LA CLEF. C'EST PAS GRAND-CHOSE, MAIS ÇA TE PERMETTRA DE PASSER L'HIVER AU CHAUD QUELQUE PART.
ME PRENDS PAS COMME PRÉTEXTE, HORACIO ! TOUT LE MONDE SAIT QUE TU RÊVES D'Y PARTICIPER.

ON VIENT DE SIGNALER UN GOSSE CORRESPONDANT AU SIGNALEMENT DE NELL, DANS LE VIEUX COMPLEXE AQUATIQUE.
TU VEUX QU'ON AILLE JETER UN COUP D'ŒIL, FRANCK?
NE VOUS EMBÊTEZ PAS AVEC ÇA, VA.
JE PASSERAI PAR LÀ EN RENTRANT CHEZ MOI, CE MIDI.
J'AI BEAUCOUP D'ESTIME POUR TOI. MAIS TU FAIS UNE CONNERIE, LÀ... ON LE PENSE TOUS.
ILS NE PEUVENT PAS RESTER ÉTERNELLEMENT DANS LA RUE.
JE NE VOIS PAS DE QUOI TU PARLES.
COMME TU VOUDRAS.
MAIS NE VIENS PAS DIRE QU'ON NE T'A PAS PRÉVENU !

PFFF. 85 EUROS D'INSCRIPTION. AUTANT DE BUS... J'Y ARRIVERAI JAMAIS TOUT SEUL.
J'AIMERAIS M'INSCRIRE À UNE COMPÉTITION DE SKATEBOARD.
TU TE DÉCIDES ENFIN...
C'EST LOIN ?
OUAIS, C'EST PAS TOUT PRÈS. ET L'INSCRIPTION N'EST PAS DONNÉE...
PAS DE SOUCI. ON PAIERA TOUT...
MAIS SI TU NE FINIS PAS DANS LES TROIS PREMIERS, T'ARRÊTES LE SKATE. OKAY ?
OKAY.

La chute

POURQUOI ON NE PASSE PAS L'HIVER DANS DES COCONS NOUS AUSSI ?
RESPIRE UN GRAND COUP, MA GRANDE.
VOILÀ, COMME ÇA. C'EST BIEN.
UN BON SIROP À LA FRAISE ET QUELQUES COMPRIMÉS...
ET TU SERAS SUR PIED.
C'EST FORMIDABLE CE QUE TU AS FAIT POUR ELLE, NELL. MAIS VOUS NE POUVEZ PAS CONTINUER COMME ÇA. VOUS DEVEZ RETOURNER DANS VOTRE FAMILLE D'ACCUEIL !
NON. JE TROUVERAI UNE SOLUTION... MAIS ON RETOURNERA PAS LÀ-BAS.

POURQUOI ??? ÇA PEUT ÊTRE GRAVE, TU SAIS... TRÈS GRAVE, MÊME.
JE SAIS...
MAIS JE NE LAISSERAI PLUS PERSONNE FAIRE DE MAL À MIA !!
COMME TU VOUDRAS...
MAIS JE NE PEUX PAS FERMER LES YEUX LÀ-DESSUS.
JE TE DONNE DEUX JOURS POUR TROUVER UN AUTRE LOGEMENT.
APRÈS, J'IRAI VOIR LA POLICE.

T'ES TROP JEUNE, PETIT.
SI TU VEUX M'AIDER À FAIRE LE MÉNAGE APRÈS LE SERVICE, JE VEUX BIEN TE DONNER UNE PETITE PIÈCE. MAIS JE NE PEUX PAS FAIRE PLUS... DÉSOLÉ.
ÇA ME VA. À QUELLE HEURE JE DOIS ÊTRE LÀ ?
DUCK RESTAURANT
BAZAR
OCCASIONS
ET CELUI-CI ?
IL N'EST PAS À VENDRE. LE JOINT DE CULASSE EST MORT.
C'EST PAS POUR ROULER. À COMBIEN IL EST ?

SI T'AS BESOIN D'ARGENT, JE PEUX TE DÉPANNER.
MAIS JE NE TE LAISSERAI PAS DEALER POUR MOI...
TA MÈRE NE ME LE PARDONNERAIT PAS.
ÇA VA, MIA ?
TU SAIS COMMENT ON FAIT ?
C'EST LE FILS DE LA PETITE JULIA, BIEN SÛR QU'IL SAIT.
BON, ÇA VA, ALORS...
ET PAS BESOIN DE TE DIRE QUE TOUT ÇA, C'EST PAS À TOI, HEIN, PETIT ?
TU PEUX ESSAYER DE BAISER QUI TU VEUX ! MAIS PAS YEGOR
COMPRIS ?

C'EST PAS NELL, LÀ-BAS ?
POLICE
TU VEUX FINIR COMME TA MÈRE, C'EST ÇA ?
JE SAIS TRÈS BIEN CE QUE JE FAIS.
ET C'EST PAS LA PEINE DE NOUS SURVEILLER TOUT LE TEMPS. ON S'EN SORTIRA TRÈS BIEN TOUT SEULS.

A UA AND

MIA EST À L'HÔPITAL.
ET NELL A PRIS TA PLACE DANS LA RUE...
TU DOIS TENIR, JULIA.
TU PEUX Y ARRIVER.
CROIS EN TOI...

La chrysalide

QU'EST-CE QUE TU FAIS LÀ ?
C'EST À MOI DE TE POSER LA QUESTION, PLUTÔT.
QUAND JE SUIS REVENU CHEZ NOUS, IL N'Y AVAIT PLUS PERSONNE. QU'EST-CE QUI S'EST PASSÉ ?

FRANCK M'A RECONDUIT CHEZ LISE ET THOMAS.
QU'EST-CE QUE TU VEUX ?
PRENDRE SOIN DE TOI.
COMME LA DERNIÈRE FOIS ?
J'AI QUELQUE CHOSE À TE MONTRER. VIENS VOIR, MIA...

C'EST À NOUS.
COMMENT T'AS EU L'ARGENT POUR ÇA ?
PEU IMPORTE. CE QUI COMPTE, C'EST QUE JE L'AI EU, NON ?
IL TE PLAÎT PAS ?
JE M'EN MOQUE COMPLÈTEMENT.
TOUT CE QUE JE VEUX, C'EST ÊTRE AVEC TOI ET MAMAN.
MAINTENANT, TOUT VA ÊTRE ENCORE PLUS COMPLIQUÉ...
POURQUOI ?
JE NE SUIS PAS BÊTE, TU SAIS...
ET TU DEVRAIS ESSAYER LE POULET. C'EST SUPER BON.
SURTOUT TREMPÉ DANS LE KETCHUP !
PRENDS SOIN DE TOI, GRAND FRÈRE.

AAAHHHHHH !
SKRIIIIIIII
AAAHHHHH!
AAAHHH!
AAAAH
TIENS, TIENS...
NELL ! ON TE CHERCHAIT, JUSTEMENT !
J'ESPÈRE POUR TOI QUE T'AS NOTRE ARGENT.

AAAHH!
SPÖ
STOK!
STOK
SPÖ
SPAK
ET TE FAIS PAS D'ILLUSIONS...
TA DETTE N'EST PAS ANNULÉE POUR AUTANT.

NELL MARTIN.
NELL ? QU'EST-CE QUI S'EST PASSÉ ?
QUI EST-CE QUI T'A FAIT ÇA ?!!
PERSONNE. JE SUIS TOMBÉ EN SKATE.
BIEN SÛR… T'EXPLIQUERAS ÇA À LA POLICE, MON GRAND.
JE NE PEUX PAS FERMER LES YEUX LÀ-DESSUS…
VOUS POUVEZ PRÉVENIR FRANCK ?
S'IL VOUS PLAÎT.

TOC
TOC TOC
ENTREZ !
...
QU'EST-CE QU'IL LUI EST ARRIVÉ ?
C'EST YEGOR QUI LUI A FAIT ÇA ?
OUI.
012

ET MAINTENANT UN SKATEUR COMPLÈ-TEMENT INCONNU JUSQUE-LÀ ...
QUI A FAIT BEAUCOUP PARLER DE LUI DANS LES MANCHES QUALIFICATIVES...
HORACIO MARQUÈS.
SKRR
JOLI 720 !
QU'EST-CE QU'IL FAIT ?!!
IL NE PRÉPARE QUAND MÊME PAS ...
UN OLLIE IMPOSSIBLE ?
FRIP
ON DIRAIT QU'IL RAPPROCHE SON PIED DU NOSE ?
OH LÀ LÀ... C'EST INCROYABLE.

SUR UN PIPE DE CETTE HAUTEUR..
CETTE FIGURE N'A JAMAIS AUSSI BIEN PORTÉ SON NOM.

TLAK!
OUCHHH!
QUEL DOMMAGE. C'ÉTAIT TELLEMENT AUDACIEUX !!
JE VOUS DEMANDE QUAND MÊME D'ACCLAMER COMME IL SE DOIT NOTRE CONCURRENT !
MONSIEUR, MONSIEUR. VOUS AVEZ OUBLIÉ VOTRE SKATE.
TU PEUX LE GARDER. J'EN AI PLUS BESOIN.
CLAP
TU PLAISANTES, J'ESPÈRE ?
JE SUIS FIER DE TOI, FISTON.

BON, EH BEN... À DEMAIN, ALORS.
J'APPORTE LE PETIT-DÉJ ?

ON SAIT QUI A FAIT ÇA ?
NON... MAIS JE NE SUIS PAS PRESSÉ DE COINCER LE TYPE QUI NOUS A DÉBARRASSÉS DE CETTE ORDURE.
EH T'AS ENTENDU ÇA, FRANCK ?
QUOI ?
QU'EST-CE QUE TU FAIS HABILLÉ COMME ÇA ?
T'ES EN CONGÉ ?!!
NON... C'EST LA QUILLE POUR MOI.
QUOI ? COMME ÇA ?
TU T'ES RÉVEILLÉ CE MATIN, ET TU T'ES DIT QUE C'ÉTAIT FINI.
À PEU PRÈS, OUI... JE SUIS VENU RAPPORTER ÇA.
BONNE CHANCE, LES GARS.
TU NOUS PRENDS UN PEU DE COURS POUR LE POT DE DÉPART...
MAIS ON A UNE BONNE NOUVELLE POUR TOI !
VAS-Y...
ILS ONT RETROUVÉ YEGOR DANS LA SEINE.
C'EST TOUT CE QUE ÇA TE FAIT ?!!
QU'EST-CE QUE TU CROIS ? QUE C'EST YEGOR LE PROBLÈME ?...
HA HA HA... T'ES ENCORE PLUS IDÉALISTE QUE JE PENSAIS !

PRÊTE, JULIA ?!!
QU'EST-CE QU'ELLE VA PENSER DE MOI ?
TU ES MAGNIFIQUE...
TU N'AS JAMAIS ÉTÉ AUSSI BELLE, JE T'ASSURE.
PFFF...
ET SI MIA NE VEUT PAS REVENIR AVEC MOI ?
QU'EST-CE QU'IL Y A DE DRÔLE ?
C'EST PAS UN MOUCHOIR...
TU COMMENCES DEMAIN, ET T'AS INTÉRÊT D'ÊTRE À L'HEURE.

Chez Frank et fille
PIZZERIA
MERCI.
MAMAN !!!!

VLOG
VLOG

VLOG

chez Frank et fille
PIZZERIA
Frank et fille

J'irai à L'ÉCOLE si la était COOL
IL N'YA PAS DE PLANÈTE B
SAUVEZ LA PLANÈTE

FUTUR c'est MAINTENANT
NOTRE UTUR est entre VOS MAINS
C'EST MAIN TE NANT!

Merci à Sophie et à Hélène d'avoir cru en ce projet et de s'y être investies d'une si belle manière !
Merci à Matteo de s'être dépassé un peu plus chaque jour.
Merci à mes sœurs et à ma maman d'être là, à mes côtés, fortes et belles.
Merci à Amaé, Ewen, Elgwen et Maïwen de m'aider à voir la vie sous des angles toujours différents. Continuez vos chemins avec sourire et conviction ! Vous ne pouvez pas vous tromper !
Et merci à Morgane de partager cette vie à mes côtés.

Jérôme

Merci aux amis et aux copains de voyage, pour leur soutien et leurs conseils, Roberto, Tommaso, Laura et Simone !
Et merci à Jérôme et Sophie, copains de voyage eux aussi, pour leur confiance et pour m'avoir poussé à aller chaque jour un peu plus loin...

Matteo

PAPIER À BASE DE
FIBRES CERTIFIÉES

MARABOUT
s'engage pour l'environnement
en réduisant l'empreinte carbone
de ses livres.
Celle de cet exemplaire est de :
1,2 kg éq. CO_2
Rendez-vous sur
www.marabout-durable.fr

Imprimé en Espagne par Unigraf
pour le compte des éditions Marabout
Hachette Livre, 58 Jean Bleuzen, CS 70007, 92178 Vanves Cedex
Dépôt légal : mars 2020
ISBN : 978-2-501-12232-0
666515 6
édition 01